몸도 맘도
독수리 같이 새롭게

한의학박사 김양규
(컷)카투니스트 정영한

나침반

이 땅의 한의학자로서...

한의학의 영역에 하나님의 나라를 일구어가겠다는 사명으로 임상에 임한 지 수십년이 되었습니다.

오래전부터 성경과 한의학을 접목시키는 연구를 해왔고, 그동안 신문과 라디오, TV방송을 진행하면서 성경적 한의학을 소개, 전파해왔으며, 이번에 다섯번째 책을 내면서 단순한 글자만이 아니라, 그동안 제가 굿TV에서 강의한 성경적 한의학을 유튜브에 올리고 종이책에 QR코드를 넣어 스마트폰을 통해 직접 동영상을 볼 수 있게 했습니다.

이 책을 통하여 많은 분들의 건강증진에 조금이라도 도움이 되기를, 그리고 이 책으로 전도가 되어 하나님의 나라가 확장되었으면 하는 바램입니다.

「부산극동방송」강흥식 지사장님과 「기독교복음방송」굿TV에 감사하며 하나님의 능력과 독자들의 지혜로 영혼과 육체가 더욱 건강하기를 기도합니다.

한국교회 부흥을 기대하며...

한의학 박사 **김양규** 장로

차
례

매일 운동을 하라

운동을 생활화 하라.
생활화 하지 않으면 재밌는게
많아서 안하게 된다.

운동은 중독되어도 좋다.

다른 것은 중독이 되어선 안되지만

운동은 중독되어도 괜찮다.

운동은 중독되지 않으면 못하는 것은 우리들 주위엔

운동보다 재미있는 것이 너무나 많기 때문이다.

현대인들에게 운동은 선택이 아닌 필수과목이다. 알면서

안하는 것이나 몰라서 못하는 것이나 결과는 같다.

일주일에 나흘 이상, 한번에 1시간 이상 운동을 하는 것은

건강을 위해 꼭 필요하다.

운동을 하면 기의 순행이 활발해지고 혈액순환도 좋아진다.

우리몸의 모든 병이 기가 막히고 피가 탁해져서 생기는

것인데 운동은 그것을 막는 효험이 있다.

영적으로도 운동이 필요하다. 믿음은 머릿속으로만

하는게 아니라 손과 발, 그리고 몸을 활발히 움직여서

믿는 것이다. 기도와 구제, 그리고 전도와 선행에 힘쓰는

것은 영적인 운동을 하는 것이다. 그러고보면

믿음생활이란 결국 온몸으로 하는 운동이다.

그가 어떤 사람은 사도로, 어떤 사람은 선지자로, 어떤 사
람은 복음 전하는 자로, 어떤 사람은 목사와 교사로 삼으셨
으니 이는 성도를 온전하게 하며 봉사의 일을 하게 하며 그
리스도의 몸을 세우려 하심이라(에베소서 4:11-12)

〈저자 방송 강의〉

2
몸에서 부드러운 불이
나오게 하라

사람의 몸에선 불이 나온다.
눈에서도 말에서도 불이 나온다.
부드러운 불을 문화라하고
강한 불을 무화라고 한다.

우리몸에선 불이 나온다.

눈에서도, 입에서도 불이 나온다. 가만히 있어도
불이 나온다. 이것을 화후(火候)라고 한다.
부드러운 불을 문화, 강하고 센불을 무화라고 한다.
문화는 우리몸의 기운을 도와주는 보약의 효능이 있고,
무화는 기운을 꺾고 쳐내는 사약의 효능이 있다.
성숙한 사람은 눈에서도, 입에서도 나오는 불을 부드럽게
통제할 줄 아는 사람이다.
부드러운 불 문화를 많이 나오게 하는 성숙된 사람은
건강한 사람이다.
사람은 말 한마디 하지 않아도 우리몸에서
나오는 불로 다른 사람을 죽일 수도, 살릴 수도 있다.
부드러운 불이 나오게 하기 위해서는 많은 연습과 훈련이
필요하다.
성령으로 충만한 사람은 성령의 불이 나온다.
가만히 있어도 그 인격에서 불이 나온다.

오직 성령의 열매는 사랑과 희락과 화평과 오래 참음과 자
비와 양선과 충성과 온유와 절제니 이같은 것을 금지할 법
이 없느니라(갈라디아서 5:22-23)

〈저자 방송 강의〉

3
임맥과 독맥을 강화하라

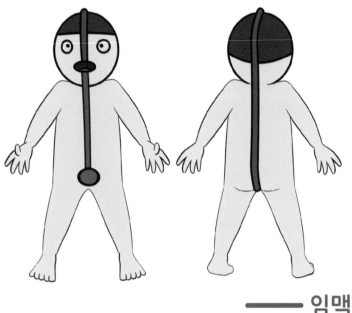

── 임맥
── 독맥

임맥과 독맥이 만나면
생명이 탄생하는데
입술과 회음에서 만난다.

한의학에서 기가 흐르는 길을 경락이라고 한다.

경락에는 가장 기본이 되는 12개의 경락이 있는데 이것을
12경락이라고 하고, 그외에 기이한 경락을
기경8맥이라고 한다.

기경8맥중에서 몸의 정중앙을 세로로 흐르는 경락을
임맥과 독맥이라고 하는데 임맥은 아랫입술의 중앙에서
시작하여 회음까지 이르는 경락이고, 독맥은 윗니의
중앙에서 시작하여 꼬리뼈에 이르는 경락이다.

임맥은 한의학적으로 볼 때에 음의 경락이고,
독맥은 양의 경락이다.

한방에서 음과 양이 만나면 생명이 탄생한다고 본다.
우리몸에서 임맥과 독맥이 만나는 곳은 두곳인데,
바로 입술과 성기이다.

영적으로도 그렇다. 양의 기운에 해당하는 독맥은
하나님과의 관계이고, 음의 기운에 해당하는 임맥은
사람과의 관계에 해당한다.

하나님과 사람들과의 관계가 바르게 된 사람은
생명이 풍부한 사람이다. 영육간 건강한 사람이다.

네 마음을 다하고 목숨을 다하고 뜻을 다하여 주 너의 하
나님을 사랑하라 하셨으니 이것이 크고 첫째 되는 계명이
요 둘째도 그와 같으니 네 이웃을 네 자신 같이 사랑하라
하셨으니 이 두 계명이 온 율법과 선지자의 강령이니라(마
태복음 22:37-40)

〈저자 방송 강의〉

4
주체성과 사교성이 좋게 하라

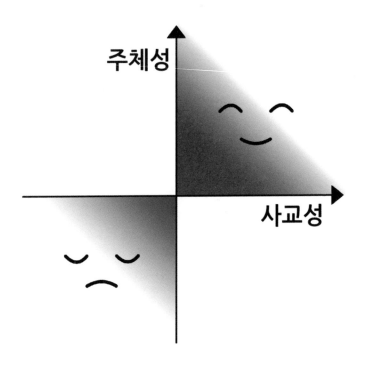

사람의 성품에는 주체성과 사교성이 있다.
주체성과 사교성이 모두 좋은 사람은
성숙한 사람이다.

사람의 성격에는 주체성과 사교성이 있다.

주체성은 줏대를 말하고, 사교성은 관계성을 말한다.

주체성과 사교성이 모두 좋은 사람은 성숙한 자유인이며,

주체성은 좋고 사교성은 없는 사람은 고집불통이고,

사교성은 좋으나 주체성이 없는 사람은 무골호인,

주체성도 사교성도 모두 좋지않은 사람은 폐인이다.

건강한 사람은 자신의 줏대가 있으면서도 남들과의 관계도

존중할 줄 안다.

주체성과 사교성이 모두 좋은 사람은 정신적, 육체적으로

건강하고 성숙한 사람이다.

주체성은 곧 하나님과의 사랑이고, 사교성은 사람들과의

사랑이다. 성숙한 그리스도인은 하나님을 사랑하고

사람들을 사랑하는 균형이 맞는 사람들이다.

누구든지 하나님을 사랑하노라 하고 그 형제를 미워하면 이
는 거짓말하는 자니 보는 바 그 형제를 사랑하지 아니하는
자는 보지 못하는 바 하나님을 사랑할 수 없느니라(요한일
서 4:20)

〈저자 방송 강의〉

5
핵심근육을 강화하라

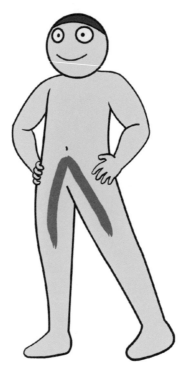

배꼽아래에서 대퇴부까지를
핵심근육이라 한다.
핵심근육이 탄탄해야 건강하다.

배꼽아래에서 대퇴부까지의 근육을 핵심근육이라 한다.
핵심근육은 우리몸의 근육의 75%를 이루고 있다.
핵심근육이 강해야 나이가 들어서도 허리가 꼬부라지지
않고 비틀거리지 않으며 정력이나 양기가 떨어지지 않고
건강한 성생활이 가능하다.
남자나 여자나 핵심근육이 강해야 비뇨생식기능이
튼튼해져서 나이가 들수록 더욱더 매력적인 사람이 된다.
핵심근육을 강화하기 위해서 근력운동을 많이 하고
많이 걷거나 서있는 운동을 하는 것이 좋다.
나이가 들면서 제일 먼저 약해지는 곳이 허벅지다.
가만히 있으면 허벅지는 약해져서 가늘어지고 배는
튀어나와서 올챙이배가 된다. 핵심근육을 평소에
강화시키면 사전에 미리 방지할 수 있다.
영적으로 핵심근육이 있다. 진리와 은혜이다. 진리없는
은혜가 우스꽝스럽듯, 은혜없는 진리는 사람잡는 무서운
흉기가 된다.

말씀이 육신이 되어 우리 가운데 거하시매 우리가 그의 영
광을 보니 아버지의 독생자의 영광이요 은혜와 진리가 충
만하더라(요한복음 1:14)

〈저자 방송 강의〉

6
기의 순환이 잘 되게 하라

기가 잘 통하면 안 아프고
못 통하면 아프다.

우리몸은 기와 혈로 되어있다.

기는 기운이요 혈은 피를 말한다.

한의학적으로 볼 때에 기는 항상 가볍게 팽팽 잘 돌아야

건강하고, 혈은 맑고 깨끗해야 건강하다.

기가 움직이면 혈도 움직이고 기가 멈추면 혈도 멈춘다.

기와 혈은 짝인데 혈은 기를 따라다닌다.

기가 막히면 아픈 것은 기와 혈의 순행이 잘 안되기 때문,

기가 잘 통하면 아프지 않은 것은 막힘이 없기 때문이다.

기가 막히면 기막히는 일이 생긴다.

사람은 사람들 속에 섞여사는 존재이다.

기가 막히는 일이 없어야 한다. 기가 막히면 머리끝에서

발끝까지 전신이 다 아프게 된다.

기가 가볍게 잘 도는 사람은 성격도 밝고 명랑하다.

긍정적인 생각과 감정은 기를 잘 돌게 해서 건강하게

만들어주는 큰 묘약이 된다.

영적으로도 마찬가지이다. 하나님과의 관계에 걸림이

없어야 사람과의 관계, 물질과의 관계도 다 잘 통하게 된다.

하나님이 죄인의 말을 듣지 아니하시고 경건하여 그의 뜻대
로 행하는 자의 말은 들으시는 줄을 우리가 아나이다(요한
복음 9:31)

〈저자 방송 강의〉

7
말하기 듣기를 바르게 하라

말하기 듣기가 대화이다.
제대로 말하고 바르게
듣는 사람은 건강한 사람이다.

대화란 말하기 듣기이다.

바르게 말하고 제대로 듣는 것을 대화라고 한다.

대화는 소통하기 위하여 한다.

말하기 듣기를 바르게 하면 소통이 된다.

다른 말로 하면, 보이는대로 보고 들리는대로 들어야 한다.

그게 건강한 대화요 소통이다.

대부분의 사람들은 그렇게 하지 않는다. 보고 싶은대로
보고, 듣고 싶은대로 듣는다. 그러다보니 오해를 한다.

오해를 하면 자기식대로 보고 듣고 생각하며 말을 한다.

자기의 진정한 속내를 바르게 표현하지 못하고, 남의
말하는 의도를 제대로 이해하지 못했기 때문이다.

바르게 말하고 제대로 듣기 위해서는 많은 훈련이 필요하다.

진솔하게 말하면서도 남의 기분을 상하지 않게 하는 훈련,
연습을 해야 하고, 객관적인 입장에서 자신을 볼 수 있는
겸허함도 배워야 한다.

진리대로 사는 사람은 바르게 보고 제대로 듣는다.

영혼이 건강하면 육체 또한 튼튼해지기 때문이다.

너희가 듣기는 들어도 깨닫지 못할 것이요 보기는 보아도
알지 못하리라(이사야 6:9)

〈저자 방송 강의〉

8
기를 죽이지 말라

기를 죽이면 죽는다.
병 보다 무서운 것이
기를 죽이는 것이다.

사람은 기가 살면 무슨 일이든 할 수 있지만

기를 죽이면 할 수 있는 일도 못한다.

잘한다고 자꾸 격려해주면 할 수 없는 일이 없지만,

못한다고 자꾸 나무라면 아무 일도 못한다.

기를 죽이면 죽는다. 사람은 기가 죽으면 죽는다.

기가 죽으면 할 수 있는 일이 아무것도 없다.

아무것도 못하는 사람도 기를 살려주면 무슨 일이든

할 수 있게 된다.

사람은 능력이 없어서 못하는 게 아니라 기가 죽어서

못한다.

영적으로도 마찬가지이다. 죄로 인해서 기가 눌려있는

사람은 영적인 일을 하지 못한다. 하나님은 우리들 모두를

지극히 존귀한 존재로 만드셨건만 사탄은 모든 사람으로

하여금 서로를 비교함으로 상대적인 열등감에 빠져 기를

죽이려 한다. 사탄의 궤계에 속지 말자.

너희는 너희가 하나님의 성전인 것과 하나님의 성령이 너희
안에 계시는 것을 알지 못하느냐(고린도전서 3:16)

〈저자 방송 강의〉

9

갱년기 관리를 잘하라

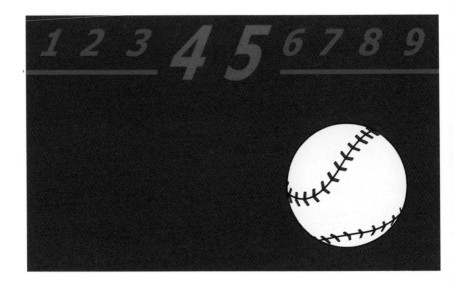

인생은 9회말 야구기와 같다.
중간이 되는 4회말 5회초의
갱년기 관리가 중요하다.

인생은 9회말 야구경기와 같다.

90세 말까지 사는 게임이란 뜻이다. 그 한가운데가 되는
40대 말 50대 초, 이름하여 4말5초라고 한다.
4말5초는 갱년기다.
중년기에서 노년기로 바뀌어져가는 때이다.
이때 남자는 남성호르몬 테스토스테론의 급격한 감소가
일어나고, 여자는 여성호르몬 에스트로겐의 분비가 그치게
된다. 갑자기 몸이 달라지면서 마음도 달라지고 정신도
위기를 맞는다.
자식도 커서 부모의 곁을 떠나는 이른바 빈둥지증후군
증상이 나타날 수 있는 위기다.
갱년기 관리를 잘하면 나머지 후반전을 해피하게 보낼 수
있다. 하지만 갱년기 관리를 잘하지 못하면 인생의 후반전이
불행하게 된다. 영적으로도 철이 드는 때가 있다.
교회의 직분이나 사람들의 인정에 목숨을 거는 유아적인
단계가 아니라 하나님과의 진정한 스토리가 있는
성숙한 신앙생활을 하는 것이 중요함을 깨달을 때가 있다.

그러므로 우리가 낙심하지 아니하노니 우리의 겉사람은 낡
아지나 우리의 속사람은 날로 새로워지도다(고린도후서
4:16)

〈저자 방송 강의〉

10
나쁜 복습은 하지 말라

복습하지 말아야 될 것도 많다.
자꾸 복습해서 병이 되는 것들이
많기 때문이다.

독일의 심리학자 어빙 하우스. 망각이론의 권위자이다.

그의 망각곡선이론에 따르면,사람은 강의를 듣고
하루가 지나면 5%밖에 기억을 못하고, 독서를 하고
하루가 지나면 10%를 기억하며, 토의하고 하루가 지나면
50%를 기억하고, 남에게 가르치고 하루가 지나면
90%를 기억한다고 한다.

하루만에 복습을 하면 일주일 가고, 일주일만에 복습을
하면 한달을 가고, 한달만에 복습을 하면 6개월을 가는데
이때부터는 뇌의 해마의 단기기억저장장치에 기억되어
있던 기억이, 측두엽의 장기기억저장장치로 이송되어 영구히
기억된다고 한다.

좋은 공부는 계속 복습해서 익혀야 하지만,
나쁜 공부는 복습하지 않는게 좋다.

영적으로도 마찬가지이다. 과거의 실수, 죄, 아픔에 대해
자꾸 복습하지 않는 것이 좋다. 하나님이 이미 다
용서해주셨고 기억도 안하시는 문제를 자꾸 복습하지 말고
건강한 복습만을 많이 하는 지혜를 갖자.

또 그들의 죄와 그들의 불법을 내가 다시 기억하지 아니하
리라 하셨으니(히브리서 10:17)

〈저자 방송 강의〉

암세포를 잠자게 하라

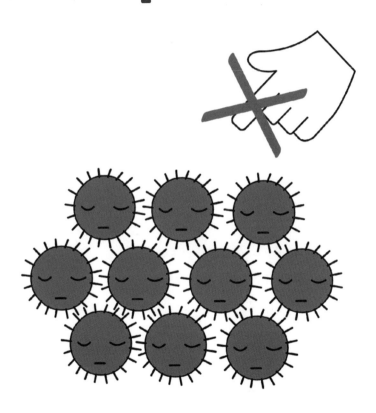

잠자는 암세포의 코털을 건드리지 말라.
암세포 100마리 중 95마리는 잠을 잔다.

암에 걸리는 것은 발암물질과 접촉이

많아서 일 수도 물론 있지만, 그보다 훨씬 더 중요한 것은 인체내의 정상세포가 암세포로 돌연변이해서 생기는 것이다. 긴장하고 흥분하거나 불안이 계속되면 멀쩡하던 정상세포가 갑자기 암세포가 된다.

100개의 암세포 중 95개의 암세포는 잠을 잔다. 2-3마리는 자다가 죽으며, 나머지 2-3마리만 전이를 하게 된다. 한의학적인 치료원리는 부정거사(扶正祛邪)요법이다. 정기 즉 원기를 북돋워서 사기를 쫓아낸다는 뜻이다. 암세포의 크기를 줄이거나 개체수를 적게하는 대신에, 현재 있는 암세포를 잠재워서 계속 자게 만들어 몸속의 만성염증의 하나로 만들어버리는 원리로, 사불능독살인 기기허능상인(邪不能獨殺人 其氣虛能傷人)이라고 한다. 암세포가 능히 홀로 사람을 죽일 수 있는 것이 아니라 원기가 부족하면 사람이 다친다는 뜻이다.

영적으로도 그렇다. 육신을 입고 이 땅에서 사는 우리가 죄를 안지을 수는 없지만 성령충만을 위해 기도하고 애쓰면 우리속의 죄의 잔재는 조금씩 사라져 갈 것이다.

그의 영광의 풍성함을 따라 그의 성령으로 말미암아 너희 속사람을 능력으로 강건하게 하시오며(에베소서 3:16)

〈저자 방송 강의〉

12
새것만을 좋아하지 말라

새것만을 좋아하는 것도 병이다.
잃는 것들이 많아지게 한다.

새것만을 좋아하는 것을 네오필리아라고 한다.

집도, 차도, 옷도, 구두도, 가방도 모두 새것을 좋아하는
사람들이 많다. 물론 새것이 헌것보다야 좋은 점이
많고 호기심을 불러일으키지만 새것만을 좋아해서
자꾸 구입하다보면 결국 과소비와 낭비에 이르게 된다.
새것이 좋은 점도 물론 많지만 헌것, 오래된 것만의 장점도
사실은 많다. 헌것과 오래된 것의 의미와 가치를 안다면
새것에 연연하지 않게 된다.
성경말씀도 그렇다.
신약만을 좋아하고 구약은 덮어두는 성도들이 많다.
진실한 그리스도인들은 신약의 의미와 함께 구약의 의미도
사모하는 사람들이다. 새것만을 찾다가 옛것의 아름다움,
그 의미를 잃어버리는 우를 범하지 않아야 된다.
예수님이 버리라고 하신 것은 더 찾고 찾으라고,
하신 것은 오히려 버리는 바리새인들같은
신앙생활을 하고있지는 않는지 돌아보아야겠다.

누구든지 이것들 외에 더하면 하나님이 이 두루마리에 기록
된 재앙들을 그에게 더하실 것이요 만일 누구든지 이 두루
마리의 예언의 말씀에서 제하여 버리면 하나님이 이 두루마
리에 기록된 생명나무와 및 거룩한 성에 참여함을 제하여 버
리시리라(요한계시록 22:18-19)

〈저자 방송 강의〉

13
불화비용을 생각하라

불화하면 비싼 댓가를 치룬다.
불화하지 않으면 아낄 수 있는
아까운 비용들이 많다.

불화했기 때문에 생기는 비용, 지출해야 하는 경비를 불화비용이라고 한다.

무심결에 던진 한마디, 기분대로 내뱉은 한마디의 말, 또는 행동이 얼마나 엄청난 비용을 지출하는 결과를 초래하는지 우린 잘 안다.

홧김에 찬 돌맹이 하나가 이웃집 차의 유리를 깨고, 차주 주인과 옥신각신 싸우다 주먹질을 하며 욕을 하게 되고 싸움끝에 법정에까지 서게되는 일들을 많이 본다. 아무것도 아닌 일, 사소한 한때의 기분과 감정, 그냥 참아버렸으면 될 일을 참지못해서 엄청난 불화비용을 지출하는 걸 생각하면 아까와서 견디지 못할 때가 많다. 성질날 때 불화비용을 생각하라. 불화비용을 지출하지 않기 위해서 또 한번 참고참고 꾹 참아라.

영적으로도 그렇다. 한순간의 기분이나 감정에 의한 범죄로 많은 것을 잃게된다는 것을 기억하라. 불화비용을 생각하면 미리 예방할 수 있는 것들이 너무 많다.

죄의 삯은 사망이요(롬 6:23)

〈저자 방송 강의〉

14
감기도 생활습관병임을 알라

생활습관을 바꾸면 막을 수 있다.
손씻기와 과로를 피하는 습관을 갖자.

감기는 물론 호흡기질환이지만 사실은 공기보다는
손으로 옮는 경우가 더 많다.

손에 의한 전염이 공기전염보다 훨씬 심하다.

손을 자주 씻는 습관을 키우면 감기를 예방할 수 있다.

감기는 목부위를 따뜻하게 해주면 막아진다.

우리몸의 다른 곳은 다 막아주는데 목은 허옇게 내어놓고
다니는 사람들이 많다. 목을 감는 습관,

여름엔 가벼운 스카프, 겨울엔 따스한 목수건으로 목을
보호해주는 습관을 길르면 감기가 예방이 된다.

감기는 또 과로하면 온다. 과로하는 것도 습관이다.

적당히 쉴 줄 아는 습관을 키우면 감기가 예방이 된다.

그러고보면 감기도 생활습관병이다. 습관이 잘못돼서 오는
병이며, 습관을 고치면 미리 막을 수 있는 생활습관병이다.

영적으로도 사소한 나쁜 습관때문에 짓는 죄가 많다.

죄같지 않아보이는 죄, 문제같지 않아 보이는 사소한 것들
때문에 생각지도 않았던 중대한 문제에 빠질 수도 있다는
것을 기억하자.

우리의 옛 사람이 예수와 함께 십자가에 못 박힌 것은 죄의
몸이 죽어 다시는 우리가 죄에게 종 노릇 하지 아니하려 함
이니(로마서 6:6)

〈저자 방송 강의〉

15
충고 대신에 공감을 하라

사람은 공감 받기를 원한다.
그런데 누구나 충고하기를 좋아한다.

사랑의 요청에는 세가지가 있다.

연결요청, 행동요청, 그리고 공감요청이다.

"아, 춥다"는 말 한마디에도 이 세가지 요청이 다 들어있다.

나는 추운데 너는 어떻느냐는 뜻이 연결요청이고,

내가 추우니 따뜻한 걸 좀 갖다달라는 뜻이 행동요청이다.

그래서 아 춥다는 말 한마디만 듣고도 사람들은 옷을

가져오거나 이불을 갖다준다.

공감요청은 내가 추운데도 불구하고 이런 일을 하고 있다는

것을 좀 알아달라는 말이다.

이상의 세가지 요청 가운데 공감요청이 80%로 가장 많다.

그런데도 사람들은 충고만 한다.

사랑 없는 충고, 공감 없는 충고는 찌르는 가시 일 뿐이다.

성경에 보면 곳곳에 하나님께서 우리에게 사랑과 위로의 말씀을 주신다. 우리에게 용기를 주며 격려하신다. 우리의 삶을 이해 하시고 공감하시기 때문이다. 인생을 그 하나님과 함께 하면 영육이 건강하다.

외식하는 자여 먼저 네 눈 속에서 들보를 빼어라 그 후에야
밝히 보고 형제의 눈 속에서 티를 빼리라(마태복음 7:5)

〈저자 방송 강의〉

16
손발을 따뜻하게 하라

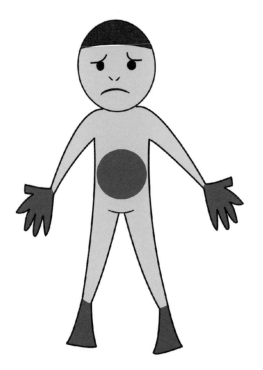

손발이 차가운 것은
아랫배가 차기 때문이다.
아랫배가 따뜻하면 온 몸이 따뜻하다.

한의학 고서인 황제내경에 보면,

양수기어사말(陽受氣於四末)이라는 말이 있다.
우리몸의 양기는 사말 즉 손과 발에서 받는다는 말이다.
다시 말해서 손발이 따뜻하면 양기가 강하고,
손발이 차가우면 양기가 약하다는 뜻이다.
어린아이들이 울 때 손발을 만져봐서 손발이 얼음같이
차가우면 체기가 있다고 본다. 손발이 양기를 받아들이지
못하면 바로 위장에서 체하기 때문이다.
손발을 따뜻하게 건사하는 것은 우리몸속의 내장을
따뜻하게 해주는 것과 같다. 여름이나 겨울이나 손발은
항상 따뜻하게 보온을 하는 것이 건강을 위한
또 하나의 비법이 아닐까 한다.
그리스도인의 향기는 손발에서 드러난다.
손과 발이 따뜻한 사람, 따뜻하게 만져주며 보듬어주며
품어줄 수 있는 사람, 발이 빨라서 가야 할 곳에
망설이지 않고 가서 사역할 수 있는 사람, 그런 사람들이
영적으로 건강하고 성숙한 사람들이 아닐까 싶다.

모든 것을 참으며 모든 것을 믿으며 모든 것을 바라며 모든
것을 견디느니라(고린도전서 13:7)

〈저자 방송 강의〉

17
충동을 조절하라

중독은 충동조절 장애이다.
충동을 조절하면 막을 수 있다.
조절하지 못하면 중독에 빠진다.

뇌의 구조를 보면, 제일 밑층에는 뇌간이 있어 호흡중추가 있고, 제일 윗쪽에는 대뇌피질이 있어 종합적인 사고, 논리, 의식 등을 관장한다. 가운데 부분인 변연계는 인간의 본능을 관장하는데, 본능에는 성욕과 식욕, 수면욕 등의 3대 기본적인 본능이 해당한다.

변연계에서는 본능이 발생되는데 이 발생된 본능을 조절하는 곳이 변연계 앞부분의 전두엽이다.

충동을 조절하는 것은 전두엽의 건강에 달려있다. 오늘날 많은 사람들이 전두엽에 문제가 있어 아무것도 아닌 사소한 문제로 크게 반응하여 대형사고를 치는 일들이 너무나 많다.

영적으로 죄짓는 것도 한순간이다. 성령의 간섭하심으로 조절함이 없으면 사람의 힘만으로는 억제할 수 없는 일들이 너무나 많다. 하나님께 성령이 지배하게 해달라고 기도해야 한다.

인내를 온전히 이루라 이는 너희로 온전하고 구비하여 조금도 부족함이 없게 하려 함이라(야고보서 1:4)

〈저자 방송 강의〉

18
한약의 삼성을 알라

약을 짓는 사람의 정성
달이는 사람의 정성
먹는 사람의 정성을 합하여
한약의 삼성이라 한다.

한약에도 삼성이 있다.

세가지 정성이란 뜻인데, 약을 짓는
의자(醫者, 의원)의 정성, 약을 달이는 사람의
정성, 그리고 먹는 환자의 정성이다.
의사는 약을 정성껏 지어야 하며, 달이는 사람 또한
보약은 은은한 불 문화로, 사약은 강하고 센불 무화로
달이는 정성이 있어야 한다. 약을 먹는 환자 또한 시간을
잘 지켜 먹는 정성이 필요하며, 요즘처럼 한의원에서
약을 달여줄 때는 전자렌지에 넣어서 데우지 말고,
파우치에 든 약을 컵에 따루어서 물이 든 접시에 담아
중탕으로 은은히 데워서 먹는 것이 좋다.
그만한 정성은 기울여야 약이 제대로 효과가 난다.
이름하여 한약의 삼성이다.
정성을 쏟는 것이 좋으리라 싶다.
하나님을 사랑하는 사람은 자연히 그 사랑이 사람에게로
전해진다. 사랑이 있으면 정성은 당연히 따라온다.
믿음은 결국 사랑이요 사랑과 정성은 사실은
불가분의 관계이다.

너는 마음을 다하여 여호와를 신뢰하고 네 명철을 의지하지
말라(잠언 3:5)

〈저자 방송 강의〉

완전주의를 자랑하지 말라

완전주의는 병이다.
남의 실수를 용납하지
못하는 사람은 병든 사람이다.

완전주의는 병이다.

사람은 결코 완벽할 수 없음에도 불구하고
나는 완벽할 수 있다고 믿고 주장하는 사람이
완전주의자다. 완전주의자는 자신이 병임을 모른다.
오히려 자랑으로 알고 자꾸 강조한다. 그러다보니 자꾸
자신의 완전주의가 더 강화된다. 완전주의자 옆에 있으면
질식한다. 사람의 연약함을 이해하지 못하고 완벽을
요구하는 사람 자신도 알고보면 전혀 완벽하지 못한데
정작 자신은 깨닫지 못하고 있으니 더욱더 곤혹스럽다.
완전주의는 병이다. 결코 자랑할 일도 아니요,
요구할 일도 아니다.
사람이 사람에게 완전을 기대하고 요구하는 것은 참
어리석은 일이다. 서로의 약함과 부족함을 이해하고
용납할 줄 아는 사람이 진정 건강하고 성숙한 사람이다.
성경대로 살 수 있는 사람은 아무도 없다.
성경적 잣대를 대어서 통과할 수 있는 사람은 아무도 없다.
사람을 만드신 하나님은 사람의 연약함을 다 아신다.

우리가 아직 연약한 때에 기약대로 그리스도께서 경건하지
않은 자를 위하여 죽으셨도다(로마서 5:6)

〈저자 방송 강의〉

20
사람을 조종하지 말라

조종하는 것도 병이다.
조종 당하는 사람은
어리석은 사람이다.

가만히 앉아서 말 한마디로 조종하는 사람이 있다.

남을 자신의 손바닥 위에 얹어놓고 이래라저래라 조종하는
사람이 있다. 울면서 조종하고, 떼를 쓰면서 조종하고,
애교, 강짜를 부리면서 어거지를 부리기까지도 한다.
조종하는 사람은 악한 사람이다. 조종당하는 사람은
어리석은 사람이다. 어리숙하게 보인다고 쉽게 생각하고
조종하려는 생각을 가진 사람은 결국 도태하게 되고만다.
하나님도 사람을 조종하지 않으신다.
자유의지를 허용하시고 인격적으로 대하신다. 사람을
조종하는 것은 악한 영이다. 영적으로 연약한 사람은
악한 영의 사주를 받아 자기도 모르게 조종하게 된다.
조종을 하면서도 죄인줄 모른다. 조종받는 사람의 기분도
알지 못한다. 무심코 한 말 한마디, 행동 하나가 남을 조종
하고있는 것은 아닌지, 생각도 못한 엉뚱한 결과를 초래한
것은 아닌지 조심해야 되리라 본다.

하나님께 감사하리로다 너희가 본래 죄의 종이더니 너희에
게 전하여 준 바 교훈의 본을 마음으로 순종하여 죄로부터
해방되어 의에게 종이 되었느니라(로마서 6:17-18)

〈저자 방송 강의〉

말하는 습관을 조심하라

성격보다 더 중요한 것이 있다.
성격차이 보다는 말하는 습관 때문에
이혼하는 사람들이 더 많다.

이혼하는 사람들의 이유를 들어보면

거의 성격차이라고 한다. 하지만 그 말은 맞지않다.
남녀는 원래가 성격차이가 있으며, 성격이 다르기 때문에
매력을 느끼고 사랑을 하게 된다. 성격이 다르지 않다면
덤덤하고 무미건조할 수 있기 때문이다.
결혼생활이 불행하고 이혼까지 이르는 사람들을 보면
대부분의 경우 말하는 습관이 잘못돼서 그렇다.
그 대표적인 것이 판단하는 습관이다. 있는 그대로
관찰하지 않고 자기식대로 판단하는 습관, 판단해서
말하는 습관때문에 불화가 생긴다. 판단하는 습관때문에
이혼하게 된다고 해도 과언이 아니다.
따지고 보면 성격차보다 훨씬 더 중요한 것이
말하는 습관이며, 가장 나쁜 습관이 관찰하지 않고
판단하는 습관, 판단해버리는 습관이다.
신앙생활하면서 가장 문제가 되는 것 역시 말하는
습관이다. 야고보서에도 말의 조심을 강조하고 있다.
말 한마디를 잘하지 못해서 온갖 죄와 악이 많다.
건강한 신앙은 말에서 표시가 난다.

우리가 다 실수가 많으니 만일 말에 실수가 없는 자라면
곧 온전한 사람이라 능히 온 몸도 굴레 씌우리라(야고보서
3:2)

〈저자 방송 강의〉

22
보고 듣기를 조심하라

사람은 보고 싶은대로 보고
듣고 싶은대로 듣는다.
건강한 사람은 보이는대로 보고
들리는대로 듣는다.

사람은 1초에 500개를 판단한다.

그 짧은 순간에 500개의 사물을 판단하는 것은 한순간에
다 보기 때문이다. 우리의 눈은 보는 범위가 굉장히 넓다.
앞만 보는 것이 아니라 옆도 보고 뒤도 본다.
귀도 그렇다. 남이 말한 소리만 듣는 것이 아니라
남이 하지않은 말도 들을 수 있다.
바르게 보고 제대로 들어야 한다. 보이는대로 보고 들리는
대로 듣는 사람은 건강한 사람이다.
병든 사람은 보고 싶은대로 보고 듣고 싶은대로 듣는다.
보고 듣기를 조심하지 않으면 그것때문에
건강을 잃을 수 있다.
창초에 에덴 동산에서 아담과 하와가 범죄한 것도 결국은
보고 듣기를 조심하지 않은 탓이다. 보지 말아야 할 것을
보고, 듣지 말아야 될 소리를 들어서 유혹당한
결과라는 것을 잊어선 안된다.

여자가 그 나무를 본즉 먹음직도 하고 보암직도 하고 지혜
롭게 할만큼 탐스럽기도 한 나무인지라 여자가 그 열매를
따먹고 자기와 함께 있는 남편에게도 주매 그도 먹은지라
(창세기 3:6)

〈저자 방송 강의〉

23
통풍을 예방하라

통풍은 바람만 스쳐도 아픈 병이다.
술과 동물성 단백질이 원인이 된다.

통풍은 바람만 스쳐도 아프다는 병이다.

여자보다 남자들에게 많은 이 병은 요산축적이
문제가 되어서 생기는 병이다. 간의 TCA 회로에서
분해처리되어야 할 요산이 분해되지 않고 혈중에 그대로
쌓여있어서 뼈마디에 침착되어 생기는 병인데
주로 엄지발가락관절에 많이 온다.
발을 다치지도 않고 삐이지도 않았는데 갑자기 퉁퉁 붓고
열나며 몹시 아픈 병인데 한번 걸리면 완치가 쉽지않고
자꾸 재발이 된다. 통풍은 너무 아파서 발작이라고
표현하는데 예방하는 것이 제일이다.
술을 피하고 동물성 단백질의 과다한 섭취를 막고
채식을 많이 하여 피를 맑게 해주면 통풍이 예방된다.
영적으로도 사소한 독소들이 자꾸만 쌓이면 어느날 갑자기
생각지도 않았던 큰 문제가 되어 나타나는 일들이 많다.
악하고 음란한 세상에서 맨날 대하는 모든 것들이
다 악하고 음란한 것들인데 그 하나하나를 조심하지 않으면
언제 어떠한 죄악에 빠질지 모르는게 우리네 삶의 현실이다.

너희는 너희가 하나님의 성전인 것과 하나님의 성령이 너
희 안에 계시는 것을 알지 못하느냐 누구든지 하나님의 성
전을 더럽히면 하나님이 그 사람을 멸하시리라 하나님의
성전은 거룩하니 너희도 그러하니라(고린도전서 3:16-17)

〈저자 방송 강의〉

24
설탕중독을 방지하라

설탕도 중독이 된다.
설탕 중독이 되면 폭력적 충동적이 된다.

설탕은 가공된 형태로 우리에게 다가온다.

설탕을 통째로 먹는 사람은 거의 없다. 짜다고 생각되는 음식도 사실은 단맛이 함께 있다. 짜기만 하면 못먹기 때문에 설탕과 함께 소금이 가미되는 경우가 많다. 설탕중독이 되면 폭력적이 되고 충동적이 되며 비만에 빠지게 된다. 한의학에서 단맛은 비기를 북돋워주기 때문에 단맛을 많이 먹으면 음식을 많이 먹게 되고, 많이 먹으니 살이 찌게 된다. 뿐만아니라 당뇨병에 걸릴 확률도 당연 많아지게 되며, 성격적으로도 폭력적, 충동적이 되어서 자기도 모르게 잔인함에 이르게 된다. 어린아이들 같은 경우는 ADHD같은 정서장애질환도 생길 수 있다. 설탕중독을 방지하는 것이 건강의 첩경이다. 영적으로도 마귀의 유혹은 항상 설탕처럼 달콤하다. 입에 단 것이 몸에는 해로운 것이 많은 것처럼, 눈에 보기 좋고 입맛에 좋은 것들 중에 악한 것들이 많다. 자칫하면 자기도 모르는 사이에 중독이 된다.

향락을 좋아하는 자는 살았으나 죽었느니라(디모데전서 5:6)

〈저자 방송 강의〉

추임새를 넣어주라

추임새가 있어야 기가 산다.
고수의 추임새가 명창의 노래를 살린다.

일고수 이명창이란 말이 있다.

판소리에서 노래 부르는 사람 명창이 단연 돋보이지만 실은
그보다 북치는 고수가 더 중요하다는 말이다. 명창이
노래를 잘 부르기 위해서는 추임새를 넣어주는 고수가
있어야 하기 때문이다. 고수는 북만 치는 사람이 아니라
추임새도 넣어준다. 얼쑤, 조오타 등을 외치면서 추임새를
적절히 넣어주는 고수가 있어야 명창이 신이 나서
노래를 잘 부르게 된다.
우리네 삶도 마찬가지이다. 옆에서 추임새를 넣어주며
기를 살려주는 사람, 기를 북돋워주는 사람이 있어야
힘이 난다. 힘이 나야 일을 제대로 한다. 옆에서 추임새를
넣어주며 기를 북돋워주는 아내가 있으면
남편은 무슨 일이든 한다.
예수님의 골고다 십자가 수난에 동참했던 구레네 시몬이
생각난다. 예수님 혼자서 메고가시기 어려웠던 십자가를
아무 연고도 없는 그가 와서 함께 져주었던 그 아름다운
기사를 성경은 영원히 기록하고 있다.

나가다가 시몬이란 구레네 사람을 만나매 그에게 예수의
십자가를 억지로 지워 가게 하였더라(마태복음 27:32)

〈저자 방송 강의〉

26
찬 음식을 피하라

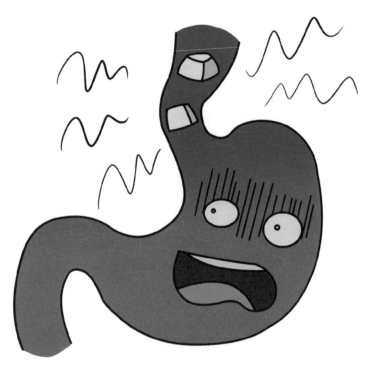

찬 음식은 위장에 해롭다.
위장의 온도는 50도라서
찬 것을 갑자기 먹으면 위장이 놀란다.

건강한 사람의 피부온도는 36.5도이지만 내장의 온도는 50도이다. 속으로는 펄펄 끓고 있다는 말이다.

덥다고 갑자기 찬 음식을 먹거나 마셔버리면 내장이 놀란다. 내장이 갑자기 식혀지면 급작스레 내려간 온도때문에 위장탈이 나기 쉽다. 찬음식을 먹어서 갑자기 배탈이 나는 경우가 그것때문이다.

날씨가 더우면 찬 음식을 먹게되는데 이럴 땐 위장을 생각해서 천천히 조금씩 먹어줘야 한다. 그러면 찬 음식이 들어가더라도 위장이 놀라지 않아 탈이 나지 않는다.

한여름의 더위속에서 찬 음식을 많이 먹게 되는데 이럴 땐 가끔 따뜻한 음식국물, 탕을 먹어주어야 하는 것도 다 이런 이유에서다.

사람에 대한 조언도 그렇다. 겉보기에 필요하다고 쉽게 말했다가 영적으로 얼마나 많은 손상을 끼치는 결과가 발생하는지 모를 때가 많다. 꼭 필요한 충고나 조언이라도 따뜻한 사랑으로 감싸지지 않으면 소화가 안되고 오히려 병이 될 수도 있다는 것을 잊지말자.

거만한 자를 책망하지 말라 그가 너를 미워할까 두려우니라 지혜 있는 자를 책망하라 그가 너를 사랑하리라(잠언 9:8)

〈저자 방송 강의〉

27
일병식천의 원리를 알라

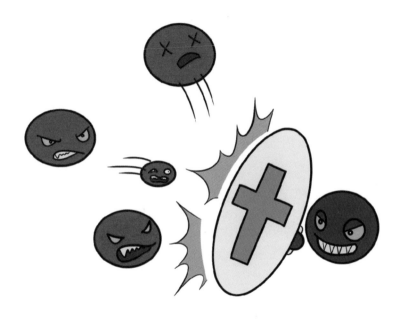

한 개의 병이 있으면
천 개의 다른 병들이 막아질 수 있다.
일병식천의 원리이다.

무좀이 있는 사람이 발을 더 자주 씻게 되고

위장병이 있는 사람이 음식을 조심하게 된다.
한가지 병이 있으면 오히려 그것때문에 다른 천가지의 병을
막아주는 효과가 있다.
일병식천의 원리라고 한다.
피부병이 있는 사람이 더 목욕을 자주 하여 피부가
깨끗해지는 것을 많이 본다. 한가지 병이 있는 사람이
사실은 더 오래 사는 경우가 우리 주위엔 많다.
사도바울도 몇가지의 질병이 있었다.
그것을 제거해달라고 간절히 세번 기도했지만 하나님은
오히려 그 병이 있는 것이 네게 유익하다고 하셨다.
신경이 예민하고 불안한 사람들이 오히려 더 영적으로
경건의 훈련을 많이 하고 정결해지면서 다른 죄에 빠지지
않게되는 유익도 있다.
한가지의 연약함이 때론 많은 유익을 위해 필요하기도
하다는 사실은 우리의 영육간 두루 해당하는
진리가 아닐까 싶다.

여러 계시를 받은 것이 지극히 크므로 너무 자만하지 않게
하시려고 내 육체에 가시 곧 사탄의 사자를 주셨으니 이는
나를 쳐서 너무 자만하지 않게 하려 하심이라(고린도후서
12:7)

〈저자 방송 강의〉

28
흔하다고 무시하지 말라

좋은 것은 많다.
우리 몸에 꼭 필요한 것들은
도처에 흔하다.

꾸지뽕은 신비하다.

가지와 잎을 달여 거습해독제로 쓰며, 암치료에 탁월한데
특히 유방암, 갑상선암에 효과가 좋다. 뿐만아니라
당뇨에도 좋다. 달개비는 시골 논두렁, 밭두렁에 즐비하다.
달개비를 달여먹거나 환으로 만들어서 먹으면 혈당조절에
탁월한 효과가 있다. 담장을 넘는 탱자나무. 아직
물이 조금 덜 오른 탱자 열매는 아토피에 좋다.
생선 비린내나는 어성초는 기관지, 폐의 각종 질환에 좋고,
삼백초는 각종 부인병과 뱃속에 있는 모든 종류의 혹에
좋다. 촌에 가면 많이 있는 것, 도처에 흔한 것들이다.
흔하다고 천한 것이 아니다. 흔한 것들은 사실 좋은 것이다.
하나님은 우리에게 꼭 필요한 것은 흔하게 많이 주셨다.
물과 공기, 그리고 지천에 널린 곡식과 과일 그리고 생선들..
하나하나기 실은 얼마나 귀한 것인지 모른다.
눈밝은 사람은 흔한 것의 의미를 안다.

생육하고 번성하여 땅에 충만 하라, 땅을 정복하라, 바다의
물고기와 하늘의 새와 땅에 움직이는 모든 생물을 다스 리
라(창세기 1:28)

〈저자 방송 강의〉

29
건강한 땀을 흘려라

운동을 해서 흘리는 땀은
깊은 곳에서 나오는 심한이다.
심한을 많이 흘려야 건강하다.

땀에는 천한과 심한이 있다.

천한은 밥먹을 때 나는 땀, 사우나에서 흐르는 땀이고,

심한은 한겨울에 운동해서 흘리는 땀이다.

천한은 몸속의 물, 탄수화물이 바깥으로 나오는 것이고,

심한은 지방질이 태워져서 흐르는 땀이다.

천한은 땀만 흐르지만 심한이 나올 때는 탄산가스도

함께 나온다. 몸속의 지방질이 탄산가스와 물로 분해되어

탄산가스는 코로 나오고, 물은 땀이 되어 피부로 나온다.

건강한 땀은 심한이다. 건강한 심한을 많이 흘리면 체내의

지방질이 분해되고 피가 맑게되며 정신이 건강하게 되어

기와 혈의 순환이 좋아지게 된다.

육체뿐아니라 영혼이 건강하기 위해서도 땀을 많이

흘려야 한다. 영적인 심한, 깊은 데서 나오는 건강한 땀을

많이 흘려야 한다.

예수님의 모습, 성품을 닮기 위해서

몸부림치는 건강한 땀을 많이 흘려야 한다.

구원받은 자답게 살기 위해서는 차비가 많이 든다.

내가 가는 길을 그가 아시나니 그가 나를 단련하신 후에는
내가 순금 같이 되어 나오리라(욥기 23:10)

〈저자 방송 강의〉

30
담배는 무서운 독약임을 알라

조금의 술은 약이 되기도 하지만
담배는 백해무익이다.

담배는 백해무익이다.

담배에는 64종의 독성분이 들어있다고 한다.
담배를 피우면 폐에 해롭다는 것은 다들 알고있지만
사실은 그보다 먼저 심장에 해롭다. 심장을 상하게 하는데
심장의 관상동맥에 니코틴이 침착이 되면
관상동맥경화증 내지는 협심증, 심근경색증 등을
유발하게 된다. 폐만 상하는게 아니라 사실은 심장과 함께
상해가고 있는 것이다.
담배의 해독을 알면 안피운다. 담배는 백해무익,
국민의 공공의 적이다. 서양속담에, 사람들은 누구나
자기집 벽장안에 해골 세개씩 갖고있다는 말이 있다.
신앙생활하는 데에도 알게모르게 방해되는 은밀한 죄악들,
별 것아닌 것처럼 보이지만 실은 백해무익한 나쁜 습관적인
죄악들이 있다. 그것이 무엇일까 되돌아보는
지혜가 필요하다.

너희가 배운 교훈을 거슬러 분쟁을 일으키거나 거치게 하
는 자들을 살피고 그들에게서 떠나라(로마서 16:17)

〈저자 방송 강의〉

31

성내지 말라

화를 내면 늙는다.
화를 자주 내면 빨리 죽는다.

한번 성내면 한번 늙는다는 말이 있다.

이름하여 일노일로다. 성을 자주 내면 빨리 죽는다.
우리몸속의 흥분성 호르몬 아드레날린과 노르에피네프린이
순간적으로 많이 분비되게 되어 심장박동이 빨라지고
혈액이 급속하게 머리위로 몰리면서 뇌압이 올라서
뇌혈관장애, 중풍에 이르게도 한다.
성을 내는 것도 습관이다. 자주 성내는 습관을 들이면
아무것도 아닌 일에도 자꾸 성이 나게 된다. 그러면 결국
순환기 장애와 소화기 장애가 생긴다.
한의학에서 성은 간에 속하는 감정이라 본다.
성을 자주 내면 간이 상하고 간이 쉽게 망가진다는 뜻이다.
사람이 살다보면 성을 안낼 수야 없겠지만 그때그때
풀어버리고 재학습을 하지않는 지혜로운 습관을
기르는 것이 무엇보다 우선되어야 하지 않을까 싶다.
성경에도 이르기를, 사람의 성내는 것이 하나님의 의를
이루지 못한다고 했다. 평소에 쌓아놓았던 모든 의를
성 한번 냄으로 쏟아버리는 우를 범하지 말자.

사람이 성내는 것이 하나님의 의를 이루지 못함이라(야고
보서 1:20)

〈저자 방송 강의〉

32

잠드는 시간이 중요함을 알라

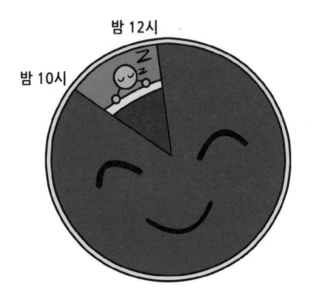

밤 10시에서 12시 사이에
드는 잠이 제일 좋다.

밤 10시에서 12시 사이에는 잠들어 있어야 한다.
그 사이에 자는 잠은 그 이후에 자는 잠의 두배에
해당한다는 말이 있다. 잠은 시간도 중요하지만 질이
더 중요하다. 양질의 잠을 자는 것이 오래 자는 것보다
훨씬 중요하다.
가장 좋은 것은 밤 9시경이다.
성경이나 좋은 책을 읽다가, 또는 음악 감상을 하다가
스르르 그대로 자버리는 것이 제일 좋다.
아침 6시까지 여덟시간을 푹 자고 일어나서 새벽에
운동한다면 그 상쾌함 어디다 비기랴.
우리몸의 기운이 밤에는 쉬어야 되고,
새벽에는 동하는 시간인만큼 기운의 흐름의 순리대로
생활하는 것이 가장 좋은 건강법이라 본다.
새벽에 일찍 일어나서 기도로 하루를 시작하기 위해서는
밤에 일찍 자는 것이 필요하다. 수면의 골든타임을
잘 지켜서 하나님의 영이 거하시는 성전인 우리몸을
건강하게 가꾸어 나가자.

여호와께서 그의 사랑하시는 자에게는 잠을 주시는도다(시
편 127:2)

〈저자 방송 강의〉

33
몸을 따뜻하게 하라

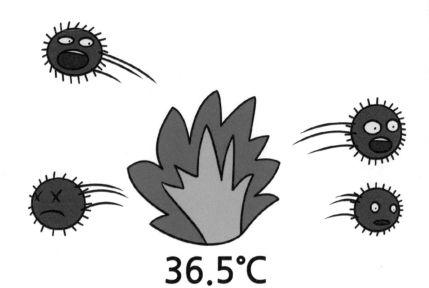

36.5℃

체온이 중요하다.
몸이 따뜻하면 암이 살지 못한다.
몸이 차가우면 암이 좋아한다.

암이 살기 좋아하는 환경은

차갑고 산소가 잘 통하지 않는 곳이다.

혈액순환이 안좋아지면 몸이 차갑게 되고 차가와지면

저체온증에 걸려 암발생률이 높아진다.

나이가 들면서 따뜻한 음식을 많이 먹고 운동을 많이 해서

손끝발끝 머리끝에 혈액순환이 잘되게 하라는 것은

그곳들을 따뜻하게 건사하라는 뜻이 있다.

한의학적으로 볼 때 소음인은 몸이 차운 사람인데

소음인일수록 더욱더 운동을 많이 해야 하는데 실제

소음인들은 운동을 하지 않고 가만히 있기를 좋아한다.

건강한 삶을 위해서는 몸을 자꾸 움직이는 것,

따뜻한 음식을 먹고 따뜻한 체온을 유지하는 것이

기본이 아닐까 싶다.

죄도 마찬가지이다. 하나님의 말씀이 안들어가는 곳,

어둡고 컴컴한 곳에 움튼다. 하나님의 말씀은 빛이요

생명이다. 빛과 생명이 있는 곳에는 죄와 악이

발붙일 수가 없기 때문이다.

이같이 너희 빛이 사람 앞에 비치게 하여 그들로 너희 착한
행실을 보고 하늘에 계신 너희 아버지께 영광을 돌리게 하
라(마태복음 5:16)

〈저자 방송 강의〉

34
습관을 고쳐 비만을 방지하라

Before   After

비만은 생활습관과
깊은 관련이 있다.
어린이 비만의 80%는
성인 비만으로 이어진다.

비만도 습관이다.

우리몸엔 탄수화물, 지방, 단백질의 3대 주영양소가
필요한데 이것은 타는 영양소이다.
비타민과 미네랄은 마이너 팩터이다.
마이너 팩터인 이것들을 제대로 먹어주면
메이저 팩터의 과잉섭취로 오는 비만을 막을 수 있다.
비만도 습관인 것은 어릴 때부터 메이저 팩터를 많이 먹고
마이너 팩터를 적게먹는 습관을 가지고있기 때문이다.
그래서 어린이들의 비만이 성인비만으로 이어지곤 한다.
많이 먹는 것만을 탓하지 말고 영양이 골고루 갖춰진
음식을 먹는 법을 키운다면 비만이 증가되는 것을
막을 수 있다고 본다.
영적인 비만도 습관이다. 자기의 영적인 유익만 생각하고,
자신의 구원만을 생각하고 이웃을 돌아보지 않는 습관은
결국 영적인 비만에 빠지게 된다.

삼가 모든 탐심을 물리치라 사람의 생명이 그 소유의 넉넉
한 데 있지 아니하니라 하시고(누가복음 12:15)

〈저자 방송 강의〉

35
자기 수명에 대해 관심을 가져라

수명은 하나님이 정하는 것이다.
자기가 관심을 가져야 할 부분이 많다.

인간수명 120세 시대에 살고 있다.

수명은 정해진 것이 아니라 자기책임이 많다.

120세 시대임에도 불구하고 그렇게 살지 못하는 이유가

있는데 50%는 생활습관 때문이요 25%는 생활환경

때문이며, 5%는 사고 때문이고, 20%는 유전 또는 체질적인

소인 때문으로 밝혀졌다.

따라서 사고만 아니라면 생활습관이나 환경때문에 일찍

죽고 병든다는 결과다.

자기관리를 자기가 잘하지 않으면 결국 그렇게 된다. 수명은

정해진 것이라는 소극적인 사고를 떠나 내 수명에 대해

내가 책임을 진다는 적극적인 사고로 전환해야 한다.

그렇게 하면 훨씬 더 건강하고 오래 살 수 있을 것이다.

영적으로도 마찬가지이다.

성경을 보면 하나님의 말씀에 순종하고 부모에게 효도하는

사람에게는 장수의 복을 주신다고 약속하고 있다.

말씀대로 살려는 자세, 그러한 노력을 하는 사람에게

장수의 복은 따라오게 된다는 것이 진리임을 잊지 말자.

오늘 내가 네게 명령하는 여호와의 규례와 명령을 지키라 너
와 네 후손이 복을 받아 네 하나님 여호와께서 네게 주시는
땅에서 한 없이 오래 살리라(신명기 4:40)

〈저자 방송 강의〉

36
서 있는 훈련을 하라

서 있으면 건강하다.

많이 서 있는 사람들이 더 건강하다.

승용차는 영구차라는 말이 있다.

평소에 구두보다는 운동화를 신고 다니는 습관을 기르면
버스도 쉽게 탈 수 있고 많이 걸을 수 있으며 오래 서
있을 수도 있다. 딱딱한 구두를 신고있으면 하고싶어도
못하는 일들이 많다. 배꼽아래에서 허벅지까지의 근육이
핵심근육으로 인체의 모든 근육의 75%를 차지하며
가장 중요한 역할을 하는 근육들이다. 그 근육들을
튼튼하게 가꾸려면 서 있는 연습을 하는 것이 좋다.
의자 없이 서서 컴퓨터 작업을 하는 것, 서서 밥먹기,
서서 왔다갔다 하기.. 요즘 미국에는 의자없는 사무실
운동이 한창이라는데 우리나라에도 빨리
도입이 되었으면 좋겠다.
영적인 근육이 튼실해야 일을 한다. 때론 맷집도 있어야
된다. 사도바울처럼 온갖 고난과 박해, 고문을 당하면서도
포기하지 않고 끝까지 갈 수 있었던 것은 탄탄하고도
든든한 맷집이 있었기 때문이다.

부지런하여 게으르지 말고 열심을 품고 주를 섬기라(로마
서 12:11)

〈저자 방송 강의〉

37

환경과 습관을 고쳐라

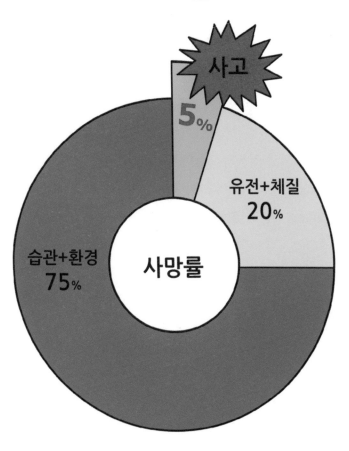

사고
5%

유전+체질
20%

습관+환경
75%

사망률

환경과 습관이 유전과 체질보다
훨씬 더 중요하다.

구조와 기능이라는 말이 있다.

환경과 습관이 인체에 미치는 영향은 엄청나다.
이제까지 우리는 사람의 성격이나 인격, 그리고 잘 걸리는
질병이나 수명까지도 모두 유전과 체질적인 소인이
80% 정도는 된다고 생각하고 있었는데 최근의 보고는
그렇지 않다고 나왔다. 유전과 체질적인 소인은
기껏 20%를 넘지 않으며 환경과 습관이 80%의 영향을
미친다고 했다. 나쁜 환경과 잘못된 습관,
특히 음식먹는 습관, 운동안하는 습관, 부정적인 생각이나
말을 하는 습관등을 고쳐나간다면 자신의 인생을 바꾸는
엄청난 전환점이 되리라 본다.
사람은 생각하면 행동하게 되고, 행동이 계속되면
습관이 되며, 습관이 쌓이면 인격이 되고,
인격이 계속되면 운명이 된다고 하는 말이 있다.
성경적으로 생각하면 성경적인 말과 행동을 하게되고
결국 그런 인격으로 서서히 변해져간다. 그러기 위해 우리가
바꾸고 고쳐야 할 습관과 환경이 얼마나 많은지 모른다.

너희는 유혹의 욕심을 따라 썩어져 가는 구습을 따르는 옛
사람을 벗어 버리고 오직 너희의 심령이 새롭게 되어 하나
님을 따라 의와 진리의 거룩함으로 지으심을 받은 새 사람
을 입으라(에베소서 4:22-24)

〈저자 방송 강의〉

38
나이 40에 혹을 조심하라

남자나이 40이 볼록이라면
여자나이 40은 물혹이다.

공자선생은 남자나이 40이면 불혹이라 했지만 요즘은 그렇지 않다. 다들 젊게 사니 지금 나이에 0.7을 곱해야 우리선대의 나이가 된다. 다시 말해서 지금 나이 60정도는 되어야 옛날나이 42세쯤 된다는 말이다. 그정도는 되어야 좌우를 분별할 줄 아는 불혹이 되지 않을까 싶다.

여자나이는 40에 물혹이라 할만큼 중년여성들은 혹이 많다. 양성이든 악성이든 혹이 많아서 이런저런 수술들을 받은 분들이 많다. 나이 40에 혹을 조심하자. 유혹도 조심하고 물혹도 조심하고 암도 조심하고..중년기엔 이래저래 혹을 조심해야 할 때다.

신앙생활도 오래 하면 타성에 젖을 수 있다. 왠만한 일에는 감동도 안하고 은혜도 못받고 무덤덤하게 살 수 있다. 영적인 혹이다. 영적인 매너리즘에 빠지는 것은 오래된 신자들에게 가장 경계해야 할 혹이 아닐까 싶다.

형제들아 내가 그리스도 예수 우리 주 안에서 가진 바 너희에 대한 나의 자랑을 두고 단언하노니 나는 날마다 죽노라 (고린도전서 15:31)

〈저자 방송 강의〉

39
수승화강 하게하라

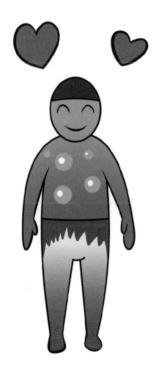

윗쪽은 차고 아랫쪽은 따뜻해야 한다.
가슴 위는 물이요
배꼽 아래는 불이 있어야 건강하다.
이것을 수승화강이라 한다.

우리몸은 가슴윗쪽은 물이요, 배꼽아랫쪽은 불이다.
이름하여 수승화강, 물은 올라가고 불은 내려가야
건강하다는 말이다.
한여름에도 속옷을 입는 것은 아랫도리는 항상
따뜻해야 하기 때문이요, 한겨울에도 얼굴은 내어놓는 것은
윗쪽은 서늘해야 하기 때문이다.
문제는 이것이 거꾸로 되는 때이다. 윗쪽이 불이 차오르면
혈압이 오르고 불면증이 생기며 노이로제와
정신신경증상이 생기게 된다. 반대로 아랫도리가
차게 되면 비뇨생식기의 기능이 약해지고 정력이 떨어져서
고개숙인 중년이 된다. 가슴윗쪽은 언제나 차갑게,
배꼽아랫쪽은 항상 따뜻하게 건사하는 만들어야 한다.
신앙생활하는 것도 그렇다. 알고 믿고 순종해야 한다.
진리가 무엇인지, 지혜가 무엇인지 먼저 알고 믿어야 바르게
믿는다. 그렇지 않으면 올바르지 못한 열정으로 잘못
나아갈 수가 있다. 뜨거운 열정을 가져야 하지만 냉정한
이성에 입각한 뜨거운 열정이 있어야 함을 강조하고 싶다.

내가 증언하노니 그들이 하나님께 열심히 있으나 올바른 지
식을 따른 것이 아니니라 하나님의 의를 모르고 자기 의를
세우려고 힘써 하나님의 의에 복종하지 아니하였느니라 (로
마서 10:2-3)

〈저자 방송 강의〉

40
마늘을 많이 먹으라!

마늘이 좋다.
매일 마늘 세 쪽씩 먹으면
암 걱정은 안해도 된다.

고대 이집트의 피라미드에는 마늘에 관한 상형문자가
적혀있다. 피라미드를 건설할 때 노예들에게 마늘을 먹여
중노동과 더위를 견디게 했다는 기록이다.
그로부터 5천년이 지난 2002년 〈타임〉지가 선정한
10대 건강식품에 마늘이 포함되었다. 암 연구분야에서
가장 권위를 인정받고 있는 미국 국립암연구소는
항암 작용이 있는 48개 식품 중 마늘을 으뜸으로 선정했다.
마늘이 노화방지와 스태미나, 항암작용에 있어서 가장
우수한 식품으로 주목받고 있다. 티아민, 알리신과 알리인..
마늘에 있는 유효성분들은 말로 표현할 수가 없다.
옛부터 하루에 마늘 세쪽씩만 먹으면 무슨 암이든
암걱정은 안해도 된다고 했다. 마늘은 맛이 있어서
먹는 것이 아니다.
영적으로도 우리에게 꼭 필요한 것을 찾아서 먹을 줄 아는
지혜와 용기가 있었으면 좋겠다.

하나님이 이르시되 내가 온 지면의 씨 맺는 모든 채소와 씨
가진 열매 맺는 모든 나무를 너희에게 주노니 너희의 먹을거
리가 되리라(창세기 1:29)

〈저자 방송 강의〉

41
순간의 판단을 조심하래!

판단은 한 순간에 일어난다.
100분의 1초만의 판단으로
인생이 달라진다.

사람이 판단하고 행동하는 데에는

100분이 1초밖에 안걸린다.

펴있던 손이 갑자기 단단한 주먹으로 변하는 데에도 그렇다. 한순간에 분노가 치솟을 수 있고, 한순간에 극단적인 행동을 할 수도 있다. 순간의 판단으로 인생이 바뀔 수 있다.

악한 사람이 원래부터 악한 사람이 아니다. 한순간의 욱하는 감정때문에 엄청난 과오를 저질렀기 때문이다. 순간의 판단을 조심하라. 감정이 동할 때는 결정적인 결정을 하지 말고 자리를 피해라. 잠깐 숨을 돌리고 난 다음에 생각하면 감정에 치우치지 않은 제대로 된 판단을 내릴 수 있다.

영적으로도 마찬가지이다.

요셉은 순간적인 감정에 휘둘리지 않고 도망을 쳐서 생명을 건졌으며, 다윗은 순간적인 판단에 따른 욕정때문에 결정적인 실수를 했던 것을 본다.

천국은 침노를 당하나니 침노하는 자는 빼앗느니라(마태복음 11:12)

〈저자 방송 강의〉

42
손을 깨끗이 하라

우리 몸에서
가장 더러운 부위가 손이다.
손을 깨끗이 하자.

손이 발보다 더 더럽다.

물론 객관적으로 보면 발이 당연히 더 더럽지만 우린
발로 음식을 먹진 않는다. 발이 입에 들어가는 일은 없다.
하지만 손으론 음식을 먹기 때문에 손의 병균이나 잡균이
그대로 입으로 옮겨질 수 있기 때문이다.
대중교통이나 공공시설을 이용할 때도 항상 손이 닿는다.
어느 누구의 어떤 균이 묻어있을지 모르는 곳에 항상 손이
먼저 닿는다.그래서 모든 병은 손으로부터 시작한다는
말이 있다. 손을 깨끗이 하면 많은 병을 예방할 수 있다.
노타치란 말이 있다. 손을 대지 않아야 할 것들이 많다.
손을 댄 것때문에 죄가 되는 것들이 많다.
태초에 에덴 동산에서도 금단의 열매에 손을 대서
따먹었기 때문에 죄를 지었다.
사람이기 때문에 보지 말아야 될 것들을 간혹 보기도 하고
듣지 말아야 될 소리를 듣기도 하지만, 결정적으로 손을
대는 것만큼은 적극 피해야 한다. 죄와 멀어지기 위해서다.

남의 아내와 통간하는 자도 이와 같을 것이라 그를 만지는
자마다 벌을 면하지 못하리라(잠언 6:29)

〈저자 방송 강의〉

43
입속을 청결히 관리하라

입속의 세균수는 변기통 속보다 많다.
구강청결이 우선이다.

자고 일어나면 가장 먼저 입속부터 닦아라.

칫솔질을 하는 것이 먼저다. 입안에는 변기통보다 더 많은 세균이 우글거린다는 보고가 있다. 그 세균들을 그대로 삼켜버리면 소화기에 암이 생길 수도 있고, 순환기질병을 초래할 수도 있다. 자고 일어나서 치아를 가장 먼저 닦는 것은 단순히 치아건강만을 위함이 아니라 우리몸 전체의 건강을 위한 필수임을 알아야한다.

우린 이제까지 치아는 밥먹고 닦는 것으로 알아왔으나 실은 그렇지 않다. 자고 일어나면 가장 먼저 닦아야 함은 물론, 매식사 후에도 반드시 닦아야 한다. 입속을 청결히 하면 전신뿐아니라 정신건강에도 좋은 것은 당연하다. 영적으로도 마찬가지이다. 입으로 짓는 죄가 많다. 입으로 뿜어대는 독때문에 사람을 상하게 하고 다치게도 한다. 예수님께서도 말씀하셨다. 사람의 입으로 들어가는 것이 문제가 아니라 나오는 것이 더 문제라고. 그것때문에 실족하게 되고 죄에 빠지게 되기 때문이다.

입에서 나오는 것들은 마음에서 나오나니 이것이야말로 사람을 더럽게 하느니라(마태복음 15:18)

〈저자 방송 강의〉

44

독버섯의 유혹을 조심하라

독버섯은 아름답다.
보기 좋은 것이
다 좋은 것만은 아니다.

독버섯은 아름답다.

우리주위엔 겉으론 아름답게 치장하지만 속으론
독을 머금은 것들이 많다. 음식도 그렇다.

우선 보기에 먹음직하고 맛있는 것들 중에 우리몸에
해악이 되는 것들이 많다.

트랜스지방, 인스턴트, 패스트 푸드 등이 대표적인 것들이다.
우리 고유의 고추, 마늘, 양파, 된장, 무, 연근의 진정한
맛을 아는 사람이 진정 건강한 사람이다.

태초에 에덴에서 아담과 하와를 유혹한 것은 아름다운
것이었다. 성경의 표현을 빌자면 보암직하고 먹음직하고
지혜롭게 할만큼 탐스런 것들이었다. 한마디로 아름다운
것들, 그러나 먹으면 죽는 것들이었다.

모든 죄가 다 그렇다. 맛없는 음식과 매력없는 이성에게
유혹당하는 사람은 없는 법이다.

독버섯이다. 겉으론 그럴듯하게 포장하고 아름답고
멋있게 보이는 것들때문에 판단력을 잃고 이성을 잃는다.
아담과 하와가 그랬듯 우리 역시 항상 두렵고 떨리는
마음으로 경계하지 않으면 넘어질 수 있다.

이는 세상에 있는 모든 것이 육신의 정욕과 안목의 정욕과
이생의 자랑이니 다 아버지께로부터 온 것이 아니요 세상
으로부터 온 것이라(요한일서 2:16)

〈저자 방송 강의〉

45
수명을 위해 습관을 바꾸라

습관이 중요하다.
습관을 바꾸면 오랫동안 건강하게 살 수 있다.

수명은 정해진 것이 아니라 습관에 따라 달라진다.

사람들은 자기의 습관때문에 생긴 일들도 자꾸 남의
탓으로 돌린다. 습관을 좋게 바꾸면 가족력도 체질이나
유전적인 소인들도 모두 다 뛰어넘을 수 있다.
자기일에 자기가 책임을 져야 한다는 말은 자기수명에도
해당한다고 본다. 나쁜 습관, 잘못된 습관을 가지고 있으면
그것때문에 반드시 비싼 값을 치루게 된다.
수명을 위해 습관을 바꾸자. 그러면 지금부터 나머지
인생이 달라질 것이다.
물론 하나님의 특별하신 뜻이 있어 빨리 데려가시는 분들도
간혹 있지만 일반적으로 볼 때는 자기자신의 잘못된
습관때문에 단축되는 수명이 많다는 사실이다.
성경에도 보면 노아홍수 이전에 이 땅의 사람들에게
허락하신 날 수는 120년이라고 분명히 말씀하셨다.
말씀을 두려워하며 지키는 습관, 음식습관, 생각하고
말하는 습관, 그 하나하나가 실은 우리의 수명과 직접적인
상관이 있다는 사실을 다시 한번 강조한다.

사람이 무엇으로 심든지 그대로 거두리라 (갈라디아서 6:7)

〈저자 방송 강의〉

46
몸 만들기를 하라

몸 만들기가 우선이다.
아기 만들기 보다 몸 만들기가 먼저다.

처녀총각이 결혼하면 애기만들기를 한다.

애기만들기는 누가 가르쳐주지 않아도 잘 한다. 애기를 만들고 나서 태교를 한다. 하지만 태교보다 앞서야 하는 것이 있다.

몸만들기이다. 몸만들기는 애기만들기 보다도 앞서야 한다. 처녀총각시절에 산성음식을 많이 먹어서 산성화된 피를 알칼리음식을 많이 먹고 산성을 절제해서 약알칼리성의 맑고 건강한 피로 만드는 일을 몸 만들기라고 한다.

음식조심을 석달만 하면 유전자가 바뀐다. 결혼해서 아기를 만들기 전에 먼저 몸부터 만들어야 하는 것은 겉으로 드러나진 않았지만 잠복되어 있거나 가족력으로 전해내려오는 것들을 미리 차단하기 위해서이다.

뿐아니라 영적인 몸만들기도 해야 한다. 임신하기 전에 먼저 하나님을 경외하고 말씀을 지키는 가정을 만드는 것이 영적인 몸만들기이다. 부모가 그런 영적인 몸을 만들면 그다음에 태어나는 자녀들 역시 영적인 거룩한 후손들이 될 것이기 때문이다.

오직 너희의 심령이 새롭게 되어 하나님을 따라 의와 진리의 거룩함으로 지으심을 받은 새 사람을 입으라(에베소서 4:23-24)

〈저자 방송 강의〉

47

당뇨의 합병증을 조심하라

당뇨는 혈관을 상하게 한다.
당뇨의 합병증은 혈관손상이 많다.

당뇨병이 걸리면 처음 5년간은 다들 조심을 한다.

음식도 조심하고 운동도 하고 약도 부지런히 먹는다.
하지만 그 기간이 지나면 해이해져서 조심을 잃게된다.
아무거나 먹고 운동도 안하고 약도 먹었다안먹었다 한다.
그러다보면 합병증이 생긴다. 당뇨는 합병증이 문제다.
합병증때문에 사고가 난다. 당뇨의 합병증으로 제일 무서운
것은 혈관질환이다. 혈관이 막히거나 터지는 것이
제일 무서운 합병증이다.
당뇨환자들은 5년이 중요하다. 처음 5년간은 음식을
조심하고 운동도 하며 관리하다가 5년이 지나고 나면 차츰
무심해지며 예사롭게 행하기 일쑤다. 그때가 위험하다.
혈관의 합병증이 나타나는 것도 대개 그때다.
영적으로도 마찬가지이다. 처음의 초심을 잃지않고
조심조심 신앙을 유지해나가는 것이 중요하다. 영적으로
게을러지고 나태해지면 여러가지 생각도 안했던 합병증의
복병을 만날 수 있기 때문이다.

그들이 감각 없는 자가 되어 자신을 방탕에 방임하여 모든
더러운 것을 욕심으로 행하되 오직 너희는 그리스도를 그
같이 배우지 아니하였느니라(에베소서 4:19-20)

〈저자 방송 강의〉

48

유전자를 바꾸려면
음식을 조심하라

3개월

음식조심을 3개월만 하면
건강한 유전자로 바뀐다.

유전자를 바꾸려면 음식바꾸기를 해야 한다.

산성음식인 쌀밥, 육고기, 인스턴트, 패스트푸드를 절제하고
알칼리음식인 보리밥,잡곡밥, 현미, 생선,과일 등을 많이
먹어야 한다. 산성음식을 많이 먹으면 성격도 과격해지고
사나와진다는 보고가 있다.

아이들의 성격을 바꾸기 위해서는 교육도 중요하지만
음식부터 바꿔야한다는 보고를 귀기울여 들을
필요가 있다.

우리몸의 피는 약한 알칼리성 상태일 때 제일 건강하다.
성경에도 보면 누구나 부담없이 좋아할 수 있는 구절과
지키기에는 부담이 되는 구절들이 있다. 자기마음에 드는
구절만 밑줄 긋고 외우면서 지키고 조금 부담이 되는
부분은 은근슬쩍 넘어가는 것은 영적인 편식을 하는
것이다. 편식을 하게되면 영혼이 병들게 되어 건강한
신앙생활을 하지 못한다. 부담스런 음식을 먹는 것처럼
부담되는 성구들도 자꾸 지키려고 애를 쓸 때 우리의
영혼이 더욱더 건강하게 피어날 것을 믿는다.

나의 양식은 나를 보내신 이의 뜻을 행하며 그의 일을 온전
히 이루는 이것이니라(요한복음 4:34)

〈저자 방송 강의〉

49

기는 가볍게 혈은 맑게 하라

남자는 기 여자는 혈이다.
남자는 평생 기운을 쓰고
여자는 평생 피를 흘린다.

한의학적으로 볼 때 우리몸은 기와 혈로 되어있다.

기는 기운이요 혈은 피를 포함한 모든 수분을 말한다.
기는 항상 가볍게 팽팽 잘 돌아야 건강하고 혈은 맑고
깨끗해야 건강하다.
모든 병은 기가 가볍게 잘 돌지 못해서 생기는 병이요,
혈이 맑지 못해서 생기는 병이다.
기를 가볍게 하고 혈을 맑게하는 음식은 담백한 음식이다.
채소, 과일, 현미, 보리밥, 잡곡밥, 생선 등의 알칼리 음식이
좋은데 언제나 그렇듯 음식의 양도 좀 적게 먹어야
기가 가벼워진다.
영적으로는 감사하고 기뻐하는 삶이 기를 가볍게 하는
삶이다. 항상 감사하고 감사할 꺼리를 많이 찾는 삶,
그런 생활태도로 살아가는 것이 영적인 기를 가볍게
만들어주는 지혜이다. 죄는 경계하고 조심해야 하지만 너무
죄의 문제에만 매여있으면 결국 기가 무거워지고
처질 수밖에 없다. 성령으로 충만하게 되면 죄는 자연히 쫓
겨가고 발붙일 곳이 없게 되는 때문이다.

주 안에서 항상 기뻐하라 내가 다시 말하노니 기뻐하라(빌
립보서 4:4)

〈저자 방송 강의〉

50
건강한 반응을 하라

반응을 보면 안다.
건강한 사람은
나쁜 자극에 작게 반응하고
좋은 자극에 크게 반응한다.

큰 자극에 크게 반응하고 작은 자극에 작게 반응하는 것은
아무나 한다. 자극의 양에 비례하여 반응하는 것은 어디서
배우지 않아도 잘한다. 하지만 건강한 사람은 다르다.
좋은 자극에 크게 반응하고 나쁜 자극엔 작게 반응한다.
불건강한 사람은 그 반대다. 좋은 자극에 작게 반응하고
나쁜 자극에 크게 반응한다. 자극의 양이 아니라 질에 따라
반응하는 것을 보고 그 사람의 건강도와 성숙도가 가늠된다.
건강한 반응을 하자.
성숙한 사람은 건강한 반응을 할 줄 아는 사람이다.
건강한 영혼을 가진 사람은 감사하고 기뻐하는 일에
크게 반응하고, 불평하고 짜증내는 일에는 작게 반응할
줄 안다. 영혼이 건강하면 반응이 달라진다. 자극의 크기가
아니라 질에 따라 반응할 줄 알게 된다.
예수님의 성품과 인격을 닮아가는 것이 신앙생활이다. 삶의
모든 문제에서 하나님의 섭리와 뜻을 찾으려고 애쓰는
사람들이 건강한 그리스도인들이라 믿는다.

살리는 것은 영이니 육은 무익하니라 내가 너희에게 이른
말은 영이요 생명이라 (요한복음 6:63)

〈저자 방송 강의〉

몸과 맘이 건강하려면...

우리는 하나님의 형상으로 지음받은 고귀한 존재입니다.
하지만 범죄한 까닭에 깨어진 형상을 갖게 되었지요.
그 깨어진 하나님의 형상, 이지러진 형상때문에 사람의 영혼은 죄에 물들게 되고, 육체는 건강을 잃게 되었습니다.

영혼과 육체로 구성되어져 있는 우리몸의 온전한 구원을 위해서 우리는 예수 그리스도를 구세주로 받아들여야 합니다. 그리스도가 아니곤 달리 방법이 없습니다.

그리스도를 구주로 받아들이는 사람은 자신의 몸이 하나님의 영이 거하시는 거룩한 성전임을 압니다.

몸을 성전으로 알고 관리하는 사람은 하나님의 말씀에 순종하는 삶을 살게 됩니다.

그때 비로소 영육간 건강을 얻게 됩니다. 진정한 건강은 육체뿐아니라 영혼도 건강한 것을 말합니다.

살리는 것은 영이기 때문입니다.

이 땅에서 진정 복된 사람은 예수님을 구세주와 주님으로 알고 하나님의 말씀에 순종하면서 사는 사람들입니다.

죄의 문제가 해결되고 영생이 보장된 삶을 살아가는 것이 인생에 있어서 가장 중요한 문제입니다.

그 비밀을 아는 것이 지혜요 지식의 근본입니다.

〈 점검표 사용법 〉

뒷면에 있는 50개 항목에 스스로 평가해서 점수를
매겨보십시오.

우리몸의 영적관리와 육적관리를 점검해보는 기회입니다.

● 총점이 250점 이상이 되면 매우 우수한 것입니다.

● 200점이 넘으면 비교적 잘하고 계시다는 뜻이 됩니다만,

● 총점이 100점이 안되면 좀더 분발을 하셔야 됩니다.

하지만 낙심하지 마세요.

내힘으로 할 수 있는 것은 아무것도 없지만 하나님이
도와주시면 못할 것 또한 아무것도 없답니다.

지금부터 다시 시작하면 됩니다.

내몸은 내가 관리하라고 나에게 맡겨주신 하나님의
성전입니다.

"내 영혼아 여호와를 송축하며 그의 모든 은택을 잊지 말지어다 그가 네
모든 죄악을 사하시며 네 모든 병을 고치시며 네 생명을 파멸에서 속량하
시고 인자와 긍휼로 관을 씌우시며 좋은 것으로 네 소원을 만족하게 하
사 네 청춘을 독수리 같이 새롭게 하시는도다"(시편 103:2-5)

아래 질문에 「매우 그렇게 한다」면 ( )안에 10을,
「매우 그렇게 안한다」면 O을 표시하되
그 사이는 적당한 점수를 쓰십시오.

01	매일 운동을 하라	
02	몸에서 부드러운 불이 나오게 하라	
03	임맥과 독맥을 강화하라	
04	주체성과 사교성이 좋게 하라	
05	핵심근육을 강화하라	
06	기의 순환이 잘 되게 하라	
07	말하기 듣기를 바르게 하라	
08	기를 죽이지 말라	
09	갱년기 관리를 잘하라	
10	나쁜 복습은 하지 말라	
11	암세포를 잠자게 하라	
12	새것만을 좋아하지 말라	
13	불화비용을 생각하라	
14	감기도 생활습관병임을 알라	
15	충고 대신에 공감을 하라	
16	손발을 따뜻하게 하라	
17	충동을 조절하라	
18	한약의 삼성을 알라	
19	완전주의를 자랑하지 말라	
20	사람을 조종하지 말라	
21	말하는 습관을 조심하라	
22	보고 듣기를 조심하라	
23	통풍을 예방하라	
24	설탕중독을 방지하라	
25	추임새를 넣어주라	

26	찬 음식을 피하라	
27	일병식천의 원리를 알라	
28	흔하다고 무시하지 말라	
29	건강한 땀을 흘려라	
30	담배는 무서운 독약임을 알라	
31	성내지 말라	
32	잠드는 시간이 중요함을 알라	
33	몸을 따뜻하게 하라	
34	습관을 고쳐 비만을 방지하라	
35	자기 수명에 대해 관심을 가져라	
36	서 있는 훈련을 하라	
37	환경과 습관을 고쳐라	
38	나이 40에 혹을 조심하라	
39	수승화강 하게하라	
40	마늘을 많이 먹으라	
41	순간의 판단을 조심하라	
42	손을 깨끗이 하라	
43	입속을 청결히 관리하라	
44	독버섯의 유혹을 조심하라	
45	수명을 위해 습관을 바꾸라	
46	몸 만들기를 하라	
47	당뇨의 합병증을 조심하라	
48	유전자를 바꾸려면 음식을 조심하라	
49	기는 가볍게 혈은 맑게 관리하라	
50	건강한 반응을 하라	

합계 점수 (   )